À Monsieur

Pagès de l'Ariége.

Avranches. — Impr. d'E. TOSTAIN.

A Monsieur

PAGÈS DE L'ARIÉGE,

ou

Député de l'Ariège,

Par M. L. De Girardin.

A Paris,

Chez **LANCE**, *Libraire, rue du Bouloi, N° 7.*

A Avranches,

Chez *E. TOSTAIN, Imprimeur-Libraire.*

1836.

A Monsieur

PAGÈS DE L'ARIÉGE.

———————

La précision que vous exigez, Monsieur, dans les mots, les idées et les titres, autorise à vous demander, lorsque vous vous montrez si sévère sur la qualification de *Comte* et de *Pair*, prise par M. Rœderer, si vous, qui signez Pagès de l'*Ariége*, vous êtes le fils de ce fleuve, ou si M. votre père porte ou portait ce nom ; ou lorsqu'à votre signature vous joignez la qualité de Député du département de l'Ariége, vous avez obtenu les suffrages de la majorité de tous les électeurs du département, réunis tout exprès dans un même collége, à l'effet de vous donner leurs voix? car, si vous n'étiez, par hasard, que le mandataire d'un arrondissement, vous vous donneriez alors une qualification non ratifiée par la généralité des électeurs du département, ce qui pourrait, vous en conviendrez, faire l'objet d'une contestation.

Déprécier les hommes, critiquer leur conduite, leurs opinions, blâmer toujours n'importe quelle mesure, bonne ou mauvaise, est une manière de dire au public, sans oser par pudeur le proclamer hautement, que le rédacteur des articles sur l'économie politique, insérés dans tel ou tel journal, possède des connaissances supérieures, qui prouvent la haute capacité, et constituent l'homme d'état; que, pour administrer et faire prospérer le Gouvernement, il faut le choisir en lui donnant pour collègues ses amis les rédacteurs de ce journal. Ceci ressemble fort au charlatan qui, après avoir déclamé pendant long-temps contre les dentistes et les douleurs qu'ils font souffrir à leur patient, s'écrie, en arrachant une dent : *sans dolor !*

lorsque Gilles, son compère, bat de la caisse à rendre sourds les gobe-mouches spectateurs de l'opération.

Tout ceci est, comme dit le proverbe, peloter en attendant partie. Dernièrement vous avez, dans un article, déclaré que la *raison* s'opposait à ce que l'on pût accorder le *suffrage universel*. Ce mot raison a fait vibrer une corde sensible, qui m'a déterminé à vous soumettre quelques réflexions. N'étant point connu de vous, et n'ayant pas l'avantage de vous connaître, nos débats auront lieu, comme vous voyez, sur un terrain neutre; mais avant, il faut commencer par nous mettre d'accord sur les bases de notre discussion.

Vous en appelliez à la raison : il est important de savoir où elle se trouve, chaque parti, chaque opinion, ayant la prétention de la posséder exclusivement. Il est des orateurs qui réclament l'exécution du Programme de l'Hôtel de Ville, qui fut tracé sur la poussière de cette place. La Gazette tient à ses idées surannées du temps où l'on proclamait l'arrêt du parlement contre l'émétique; la Tribune et le National rêvent la république de Platon; le Courrier déclame contre le juste-milieu, sans éprouver la honte de couvrir une absurdité d'une méchanceté ; le Temps trouve tout mauvais ; les Débats prônent les doctrinaires ; le Journal de Paris ses Mécènes ; l'empereur Nicolas pense ne pouvoir régner sans la Sibérie ; M. de Metternich gouverner sans la police inquisitoriale. Il importe donc, avant tout, Monsieur, de savoir à laquelle de ces illustrations vous accorderez la raison, ou si vous la refuserez à toutes. De là naîtra l'obligation de reconnaître qu'il existe une raison supérieure, celle du bon sens, qui ne va pas affubler Napoléon de la cocarde blanche, ou Louis XIV de la cocarde tricolore, comme on le voit encore sur la place royale de Caen.

Quoique ce soit peut-être, à l'exemple de Petit-Jean, nous reporter au commencement du monde, que de rappeler l'époque où les faibles se réunirent à l'effet d'opposer la puissance de la pluralité aux violences du plus fort ; époque où il n'existait vraisemblablement point de démocratie, et encore moins d'aristocratie, où la garantie d'un chacun reposait dans la protection générale, comme la conséquence de l'approbation de la généralité des intéressés à cet ordre de choses. Ce sera, si vous n'y mettez point d'opposition , la preuve que le besoin de la tranquillité et de l'indépendance furent les élémens de la Souveraineté nationale, de la liberté et de l'égalité. Ainsi, pour obtenir sûreté de sa personne, l'homme contracta des obligations, fit le sacrifice de faire tout ce qui pouvait lui convenir selon ses désirs ou son caprice , et se soumit à la loi, qui est la volonté de l'intérêt général et de l'ordre.

Sans aucun doute, l'exécution de ce pacte fut remis à celui qui méritait le plus la confiance générale, et les autres places accordées en raison des capacités présumées. Cette organisation première nous autorise à dire, sans trop de présomption, qu'il faut un pouvoir exécutif à quelque gouvernement que ce soit.

Ces premiers principes de l'état social, d'une exécution facile à leur origine, se sont tellement compliqués par les préjugés, les intérêts et les habitudes, qu'ils sont devenus aujourd'hui des problèmes difficiles à résoudre.

De la différence des qualités morales et physiques, qu'une sage prévoyance à su mettre entre les facultés humaines, sont provenues l'industrie, les arts, les sciences, la civilisation, la prospérité et la gloire des nations : qualités individuelles et non-transmissibles par filiations ou droits d'héritage, comme le démontrent l'expérience et la raison. Cependant, malgré ces documens incontestables, des hommes adroits sont parvenus à perpétuer dans leurs familles les places qui leur avaient été accordées, en faisant considérer ces usurpations comme utiles et nécessaires au bien public. Système que les siècles et d'illustres publicistes sont venus consolider, en déclarant l'aristocratie héréditaire *un principe indispensable* aux pouvoirs constitutifs de tout gouvernement : système qui se trouve avoir en sa faveur un grand exemple et de nombreux partisans dans toutes les classes de la société.

Cependant ce principe aristocratique existe dans la nature. Il n'est point, il est vrai, comme le voudraient certains publicistes, héréditaire et transmissible du père au fils ; mais il se fonde sur des talens distingués et des services rendus : c'est une aristocratie mobile, si l'on veut ; mais offrant aux yeux de la société, et dans son intérêt, des qualités éminentes, préférables à l'hérédité des places : telle est la notabilité. Notabilité dans laquelle vous occupez de nos jours, Monsieur, un degré plus apparent qu'un Montmorency, dont le nom l'emportait, à d'autres époques de nos annales, par une plus grande célébrité. Notabilité qui classe tous les orateurs de l'opposition, qui déclament contre l'aristocratie, dans cette même notabilité aristocratique, nécessaire à l'organisation d'un grand État, puisqu'elle pourrait présenter des candidats à la Chambre des Pairs, comme la capacité à celle des Députés, si de fausses idées n'étaient point venues s'opposer à cette marche naturelle.

Le principe de la Souveraineté nationale, que les uns considèrent comme l'autorisation de faire tout ce qui leur convient, en leur laissant, à chaque instant, la possibilité de remettre en question le système social, que d'autres redoutent de voir mettre en action, par la crainte des émeutes, des bouleversemens et de la désorganisation sociale : ce principe, qui présente aujourd'hui des difficultés, comme vous en supposez, Monsieur, avec raison, au vote universel, est une question qui demande un examen approfondi. Sa mise à exécution est devenue difficile par le fait de l'ignorance où sont plongés le plus grand nombre des habitans d'un pays, sur les avantages et les inconvéniens attachés à tel ou tel système de gouvernement : ignorance à laquelle viennent se joindre, en outre, les habitudes, les préjugés, les souvenirs, les craintes, et quelquefois aussi les discours adroits de personnes qui exercent une influence dangereuse sur des classes faciles à tromper, lorsqu'il s'agit d'institutions qu'elles ne comprennent pas. Ces difficultés à résoudre, vous en conviendrez, Monsieur, exigent des réflexions approfondies.

Ce principe fondamental de tous les États, la Souveraineté nationale, contre laquelle s'élèvent les esprits qui ne la conçoivent pas, existe, qu'elle soit reconnue ou non par le fait de la généralité des citoyens d'une nation. Les appels faits au peuple dans les proclamations des souverains, et les discours des orateurs, sont des actes de reconnaissance de cette Souveraineté, qui les approuverait peut-être quelquefois; mais qu'elle rejeterait souvent, comme contraires aux principes qui fondent et dirigent cette puissance.

Sans aucun doute, la Souveraineté nationale, dégagée de tous les obstacles et des craintes qui l'environnent, donnerait aux lois plus de force et de stabilité, par l'impossibilité où seraient les pouvoirs législatifs de toucher aux articles constitutionnels, sans l'approbation de cette puissance. La marche du Gouvernement en serait plus facile, lorsqu'il serait bien démontré aux yeux de tous, que la Souveraineté nationale a décerné sa toute-puissance au Chef chargé de l'exécution des lois, avec l'injonction de veiller aux intérêts de tous et d'un chacun, et de s'opposer, par tous les moyens qui lui sont confiés, à ce que l'ordre public soit jamais troublé.

Des esprits s'imaginent voir cette puissance dans tous les groupes, dans tous les rassemblemens tumultueux, dans les émeutes, lorsque les hommes éclairés ne voient dans ces démonstrations populaires, que des atteintes portées à la dignité et au respect que l'on doit à la Souveraineté nationale ; assertion facile à démontrer, s'il est bien reconnu que la Souveraineté nationale ne peut résider que dans la convocation générale de tous les citoyens, réunion qui peut seule la constituer ; que, puissance indivisible, elle est celle de tous, et d'aucun en particulier ; que nulle

fraction ne peut la représenter, quelque nombreuse qu'elle soit; que nul ne peut parler ni
prescrire de lois en son nom, si ce n'est le
Pouvoir chargé de l'exécution des lois, et de
veiller à la soumission que l'on doit aux dé-
crets de cette puissance, en réprimant toutes
les atteintes portées à la Souveraineté nationale, comme serait celle d'une société populaire ou de toute autre, qui aurait des
filiations, des correspondances, et s'occupe-
rait de questions politiques; ce qui serait un
moyen de fractionner la Souveraineté nationale, élever autel contre autel, et fonder un
État dans l'État, à l'instar de la société des
Jésuites; susceptible comme elle de troubler
l'ordre public, d'organiser, par de sourdes
menées, la révolte et la guerre civile. Si de
pareils envahissemens pouvaient se tolérer, ils
feraient perdre à la Souveraineté nationale son
unité, inquiéteraient la liberté générale, qui
ne peut exister que par quelques concessions
de la liberté individuelle, obligée de céder
en ceci, comme le droit du plus fort envers
la puissance de la majorité.

Pour se faire une idée juste de la mise en
action de la Souveraineté nationale, il fau-

drait supposer les citoyens, convoqués à l'effet d'adopter une constitution, généralement éclairés sur leurs droits et leurs devoirs, résignés de plus aux sacrifices indispensables à l'intérêt général ; qu'ils possèdent des notions assez précises sur les avantages et les inconvéniens de tel ou tel système de gouvernement, afin d'adopter, avec connaissance de cause, le pacte social, qui peut assurer le bonheur public. Ces points admis, voyons ce qui pourrait arriver, si deux constitutions étaient présentées, contenant à peu près l'une et l'autre les mêmes élémens, seulement avec la différence de l'élection annuelle du Chef de l'État dans l'une, et dans l'autre la couronne héréditaire. Après l'examen, il y aurait peut-être des chances en faveur de l'élection annuelle, si la Souveraineté convoquée était peu nombreuse, et que ce fût simplement celle d'une ville. Le renouvellement annuel plairait probablement à cette population peu nombreuse, par l'espoir que chacun aurait d'obtenir un jour la première place ; sans chercher, entraînée par cet appât séduisant, à discuter les inconvéniens que pourrait présenter un tel système de gouvernement.

Mais, si l'acte de la Souveraineté nationale s'exerçait par une nombreuse population comme celle de la France, par exemple, le plus simple calcul démontrerait sur-le-champ que, sur une population qui se sera renouvelée trois fois en un siècle, et donnerait quatre-vingt-dix millions d'individus, cent personnes, sur ce nombre, obtiendraient d'être nommées soit à la royauté, au consulat, ou à la présidence. Que le nombre des élus serait encore plus minime, et ne serait que de vingt personnes, si les élections du Chef n'avaient lieu que tous les cinq ans. Alors, les chances éphémères d'un chacun se trouvant presque réduites à zéro, il en résulterait de nombreuses observations sur les dangers attachés à des élections aussi fréquentes et aussi délicates que celles du Chef de l'État, et sur les troubles qui peuvent précéder ou suivre de semblables élections; que des nominations aussi rapprochées sont contraires à la stabilité du Gouvernement et de l'État; qu'il doit en résulter des changemens continuels dans les administrations, qui peuvent être la cause de grands désordres, donner lieu à des troubles, et amener des révolutions.

Ces faits, Monsieur, dont vous ne pouvez contester la vraisemblance et la possibilité, deviendraient autant d'obstacles à l'acceptation du régime républicain, qui ne peut, d'ailleurs, supporter une grande étendue de territoire, sans se diviser en républiques fédératives, avec des intérêts différens, susceptibles d'amener, d'un moment à l'autre, la dislocation fédérale; d'où pourraient naître, comme en Grèce, des divisions, des guerres, et l'anéantissement de quelques-unes de ces républiques; ou, comme en France, lorsque chaque province avait son régime particulier, son Duc ou Comte feudataire, relevant du Roi, et lui devant obéissance, venait à se révolter contre l'autorité royale, et lui faisait la guerre. Ou lorsque, plus tard, ces mêmes provinces réunies à la couronne, se trouvaient divisées en pays d'état et en généralités, et que le sel, dans l'une, se payait deux sous la livre, et treize sous dans la province voisine. Ou lorsqu'une voiture de roulage obligée, en vertu d'une ordonnance royale, d'avoir de larges roues, se trouvait arrêtée dans sa marche sur un chemin où les états étaient opposés à l'établissement des larges jantes.

Aussi ne peut-on nier qu'un des grands bien-
faits de la révolution est d'avoir, par la création des départemens, détruit cette bigarrure
de lois et de coutumes, propres à éterniser
les divisions entre les citoyens de la même
nation.

La nomination d'un Chef, que ce soit un
roi ou un président, étant indispensable dans
quelque gouvernement que ce soit, république
ou monarchie, la récapitulation des régimes
répandus sur le globe, donnerait au pouvoir
royal une majorité immense sur les autres
modes de gouvernement : examen qui serait
peut-être la preuve que ce système convient
davantage à tous les peuples en général; par
la raison qu'une monarchie, à partir de la
plus constitutionnelle jusqu'au pouvoir royal
le plus absolu, peut subir une infinité de
modifications qu'aucun autre régime ne
pourrait supporter. Entr'autres exemples à
citer, comme fanatisme religieux et comme
fanatisme politique, ce serait la St-Barthélemy
et la terreur ; l'une, sous un monarque san-
guinaire ; l'autre, sous un régime dit républicain. Des crimes commis à ces deux
époques, les premiers furent des assassinats

horribles, qui couvrirent leurs auteurs de honte et d'ignominie, sans que le pouvoir royal en fût ébranlé ; tandis que les victimes égorgées par le fait des tribunaux révolutionnaires, et sous l'apparence d'une condamnation légale, entraînèrent la mort et l'anéantissement du pouvoir de Robespierre, dont la domination avait eu peine à se soutenir une année entière, et qui fut tué par un gendarme destiné par son métier plutôt à exécuter les actes cruels de ce tyran populaire, qu'à venger sur lui les malheurs de la France.

La monarchie, étant un gouvernement qui peut aussi bien convenir à un petit comme à un grand État, présente de plus cet avantage que si, parfois, des individus sont victimes de ce régime, sur-tout lorsque des institutions constitutionnelles ne le maintiennent point dans de justes bornes, on est pourtant forcé de reconnaître que les différentes classes de la population en général, y jouissent d'une plus grande tranquillité que sous le régime républicain, où les citoyens doivent exercer, à l'égard les uns des autres, une surveillance continuelle, d'après les lois de Lycurgue, de Solon et de Minos : surveillance naturelle à ce genre de gouvernement, où la jalousie, la défiance et l'ambition sont continuellement en action et aux prises.

La couronne élective a contre elle l'exemple tragique de la Pologne, les querelles et les divisions attachées à ses élections, et les désastres qui en furent le dénoûment. Telles sont les causes qui doivent faire rejeter à jamais un tel système.

De tous les faits cités, et susceptibles de développemens plus étendus, s'il était nécessaire, il faut conclure, Monsieur, que les chances seraient en faveur de la couronne héréditaire, comme la séparation à mettre entre le trône et les ambitieux. La garantie contre l'étendue d'un semblable pouvoir, se trouve dans l'obligation de la signature d'un ministre responsable apposée à tous les actes de l'autorité royale, pour les rendre exécutoires.

D'après les considérations énoncées ci-dessus, pensez-vous, Monsieur, que les orateurs de l'opposition, les tribuns des sociétés populaires prêchant la république, les partisans de la légitimité, et ces hommes turbulens, accusant le Gouvernement, qu'ils menacent sans cesse de citer au tribunal de la Souveraineté nationale, aient des idées bien positives des intentions et des volontés de ce tribunal suprême, composé de *travailleurs*, ou de tous les individus d'une nation, vivant d'un métier, d'un état, d'une profession, du commerce, des arts, des sciences, ou de leurs propriétés. Veuillez supposer un moment ce tribunal réuni, écoutant avec calme les plaintes qui lui seraient portées, et ses décisions motivées sur l'intérêt général.

Vous venez, dirait-il, aux membres de l'opposition, vous plaindre du Gouvernement, des lois qu'il propose, sans jamais prendre en considération les représentations faites en faveur de la liberté : de ce qu'il augmente les contributions, sans égard pour les contribuables, déjà surchargés d'impôts ; de ce qu'il n'emploie que des hommes dévoués à l'ancien régime, qu'ils cherchent à rétablir par tous les moyens possibles, comme ils viennent d'en donner la preuve en obtenant, d'une majorité ministérielle, la fermeture des sociétés populaires.

Voyez la composition de ce tribunal, répondrait la Souveraineté nationale ; nous sommes une nation de travailleurs, dont la réunion, comme celle de nos ancêtres les plus reculés, se fonde sur l'obligation où nous sommes d'empêcher les violences capables de troubler la tranquillité particulière et générale, sans laquelle il n'est de garantie ni d'occupations pour personne. Notre volonté, comme le prescrivent la justice et la raison, est que la liberté soit égale pour tous, sans être, sous de fausses apparences, exercée par quelques-uns au détriment des autres ; comme il arriverait en suivant les idées des orateurs qui défendent les agitateurs et les sociétés populaires. Ces sociétés sont entièrement contraires à nos principes ; d'abord, par les atteintes portées à l'unité d'action de la Souveraineté nationale, qui ne doit s'exercer que par nous ; ensuite, par les troubles, les inquiétudes et les divisions qui résulteraient de leurs délibérations, lorsque nos intentions positives et formelles sont toutes pour la tranquillité et l'ordre. Aussi, pour obtenir et conserver ces avantages si nécessaires à l'existence, aux intérêts et à la prospérité d'une nation, nous a-t-on vu supporter souvent le despotisme pendant long-temps, plutôt que les émeutes et les caprices de la populace ; par la raison que le despotisme ne tombe que sur quelques victimes, tandis que les troubles publics et les désordres tombent sur la totalité de la population.

Par les motifs et les considérations que nous venons de développer, nous ne pouvons partager vos doléances, et blâmer la conduite du Gouvernement. Si vous vous étiez bien rendu compte de ses devoirs vis-à-vis de la Souveraineté nationale, vous auriez trouvé que le premier de tous est pour lui, comme pouvoir exécutif responsable de la tranquillité publique, de maintenir l'ordre. Aussi la Chambre, en adoptant les mesures proposées contre les désordres excités par les sociétés populaires, était-elle assurée de notre assentiment, puisque l'adoption de ces lois est tout-à-fait dans l'intérêt général des travailleurs.

Si les hommes employés par le Gouvernement, ne sont pas à l'abri de quelques reproches, comme d'avoir quelquefois varié de principes, c'est une raison de les surveiller. Mais, lorsqu'ils suivent la ligne constitutionnelle, et ne proposent que des mesures utiles, ne pas suivre leurs avis, serait montrer peu de sens; sur-tout en adoptant les conseils de gens dont les déclamations reposent souvent sur le désir d'obtenir des places, et de favoriser leurs amis : opinions qui entraîneraient dans des systèmes remplis d'écueils, dont nous, travailleurs, serions, tôt ou tard, les victimes.

Quant à la surcharge des contributions : il est juste que chacun de nous, en raison de sa fortune, contribue au bien-être de ses concitoyens. Des réflexions plus approfondies vous amèneraient à penser que les impôts doivent suivre les progressions de la population et de la prospérité du pays, afin d'assurer de l'ouvrage et des secours, en cas de besoin, à tous les habitans. Vaincre l'intérêt particulier en faveur de l'intérêt général, doit être le but de tout législateur, en démontrant que les contributions sont une véritable banque nationale, utile à tous, et à chacun en particulier ; dont les bénéfices sont en raison des capitaux que l'on y verse, puisque leur circulation assure le bien-être général.

Ce tribunal, guidé par la raison, ne pourrait-il pas répondre aux défenseurs de la légitimité qui pensent avoir, en vertu de ce principe, le droit de réclamer le rétablissement de la branche aînée des Bourbons, avec la promesse de reconnaître la Souveraineté nationale, d'accorder le vote universel, l'abolition du cens, plus de latitude aux conseils généraux et municipaux :

Pour nous porter à consentir aux conséquences de votre principe, vous venez nous proposer plus de concessions que nos véritables intérêts du moment ne pourraient peut-être en supporter. Ce principe de la légitimité n'est autre que celui de l'hérédité, à laquelle vous avez substitué ce nom, afin d'écarter les prétentions de l'Empereur et de sa famille. Ainsi que vous, nous considérons la légitimité ou l'hérédité de la couronne, comme un principe entièrement dans les intérêts populaires ; mais, pour en réclamer les prérogatives, il fallait en remplir les obligations ; qu'une Charte ne fût pas octroyée, mais acceptée ; et non la dater d'un règne imaginaire de l'an 19. La raison n'accepte point de semblables subterfuges. Cette Charte octroyée, n'était obligatoire que pour vous. Il ne fallait pas, dès son origine, chercher à la détruire par le rétablissement d'institutions vermoulues, tombées en ruine, même avant 1789, comme la maison du Roi. Créer une foule d'officiers nouveaux, n'ayant point servi, lorsque les cadres de l'armée, en raison de la diminution du territoire, présentaient déjà des états-majors trop considérables, était une ordonnance entachée de fautes politiques et financières. Une cocarde, signalée par de grands événemens, des améliorations sociales et des victoires célèbres, qu'il eût été dans les convenances de conserver (son adoption même l'empêchant de devenir jamais un point de ralliement), fut remplacée par la cocarde blanche. Une foule d'intrigans, qui se vantent d'avoir toujours été du parti qui triomphe, obtinrent des fonctions qu'ils étaient incapables de remplir. Aussi, pour avoir marché en sens contraire des idées du siècle, il est arrivé qu'aux jours de revers les Bourbons ont été abandonnés aussitôt que Bonaparte s'est présenté. Revenus une seconde fois, à la suite des ennemis, sans avoir nullement changé d'idées, leur premier soin fut d'imposer leur cocarde, sans égard aux désirs manifestés par la garde nationale, et sans songer à celle que portait une armée qu'il fallait gagner au lieu de dissoudre. Elle offrait les moyens de s'opposer aux mesures vexatoires, et aux prétentions exagérées des

étrangers, auxquels le Roi aurait pu dire :
Mon neveu est à la tête de cent mille hommes ;
je ferai sonner le tocsin dans toutes les communes de France, si vous refusez mes propo-
sitions. Ce langage, digne d'un successeur de
Henri IV, ne fut pas tenu. Les troupes furent
licenciées ; les proscriptions établies ; des con-
damnations injustes exécutées ; des catégories
décrétées ; les discussions étouffées ; le caractère sacré de la députation méconnu, par l'ex-
clusion d'un membre de la Chambre des
Députés : violation aussi flagrante du droit des
gens et des garanties sociales, que la condamnation de Louis XVI par la Convention ; l'institution des assemblées législatives étant de
proposer des lois, sans avoir le droit de pro-
noncer des jugemens réservés aux seuls tribunaux. Marchant ainsi de faute en faute,
les Bourbons sont arrivés, sans égard aux
sermens jurés aux pieds des autels, jusqu'à
ces Ordonnances si contraires à l'esprit de la
Charte *octroyée par eux.* Aussi, perdant dans
l'opinion publique toute espèce d'intérêt et
d'affection, le mouvement des Journées de
Juillet commencé à Paris, s'est propagé par
les inquiétudes qu'inspirait un prince entière-

ment abandonné aux conseils des prêtres. On a vu un monarque, repoussé de ses sujets, accompagné de la garde destinée à le maintenir sur le trône, parcourir un long trajet sans trouver un partisan, et s'embarquer sur un vaisseau étranger avec sa famille, comme un simple particulier. Exemple unique dans l'histoire de la dignité nationale et du respect que l'on doit au malheur !

Malgré toutes ces violations aux conventions sacrées qui lient les peuples envers les rois, sans les Ordonnances qui en comblaient la mesure ; l'ordre et la tranquillité sont tellement nécessaires et indispensables aux intérêts des travailleurs ici présens, qu'ils auraient supporté encore long-temps toutes les tentatives caduques des Bourbons, comme le despotisme militaire de l'Empereur, avec l'espoir que la civilisation et les lumières amèneraient ainsi sans secousses, tôt ou tard, des améliorations dans l'État. Malheureusement les améliorations ne s'obtiennent que par le fait des révolutions toujours fatales à une partie de la population ; sur-tout en bouleversant l'ordre public, objet constant des vœux des travailleurs. Ce qui arriverait, sans nul doute, si, en écoutant les désirs des partisans des Bourbons, nous consentions à subir une troisième épreuve de la politique de ces princes, lorsque déjà deux fois ils ont trompé les espérances d'une nation trop confiante. Regrettez-les; mais cessez de nous les proposer.

A leur tour se présenteraient les tribuns prétendus du peuple. Nous venons, diraient-ils, enfans de la liberté, au nom des sociétés populaires, réclamer les droits imprescriptibles des citoyens, celui de se réunir, de discuter entr'eux les actes du Gouvernement, d'examiner la conduite de ses agens, de s'occuper des mesures législatives, de l'intérêt national, et du régime qui présente les meilleures institutions et le plus de bien-être. Nous pensons que la république renferme ces avantages, puisqu'il y règne plus de liberté, et que le partage des fortunes empêche d'y rencontrer ni riches ni pauvres.

Que pourraient ces phrases pompeuses sur les esprits de gens dont les principes sont le résultat de leurs réflexions, de leurs intérêts et de leurs connaissances raisonnées sur les différens modes de gouvernement.

Le titre de sociétés populaires que vous

vous arrogez avec tant d'orgueil, semblerait annoncer le funeste projet de fractionner le peuple ou la Souveraineté nationale, en plusieurs catégories; usurpation que nous ne pouvons supporter, puisque ce serait une première atteinte portée à notre puissance. Souffrir qu'elle fût divisée, serait s'exposer à voir naître des discussions et la guerre civile. Ainsi, loin de blâmer les mesures prises à votre égard par le Gouvernement et les Chambres, nous leur donnons notre entière approbation. Des sociétés secrètes, des sociétés s'occupant de politique, ayant les unes avec les autres des affidés et des correspondances, ne peuvent se tolérer, sans courir le risque de voir la tranquillité publique troublée d'un moment à l'autre. Que diriez-vous de sociétés qui, sous une autre dénomination, voudraient rétablir la monarchie absolue, comme vous prétendez établir la république? Ces différences de systèmes et d'opinions entre vous, eux et nous, amèneraient, sans aucun doute, des désordres funestes que nous devons empêcher par l'immense majorité qui constate notre puissance et notre force. Chacun peut manifester son opinion, prendre le soin d'éclairer ses conci-

toyens sur des questions politiques, adminis-
tratives ou financières : mais, par des réunions
et la violence, vouloir faire adopter tel principe ou tel mode de gouvernement, est un
acte de despotisme d'un parti, que ne peut
permettre la Souveraineté nationale.

Vous ne pouvez ignorer que les tentatives
de quelques individus cherchant à troubler
l'ordre public par des réunions, des émeutes
ou des manifestations à main armée, ne soient
des actes coupables envers la Souveraineté
nationale ; de semblables attentats étant en
opposition directe avec les volontés formelles de
cette puissance. Dans l'impossibilité où elle est
de se lever en masse, à l'effet d'anéantir de
toute sa prépondérance les perturbateurs assez
audacieux pour enfreindre ses volontés im-
muables, elle a dû confier toute sa puissance
au pouvoir exécutif chargé par elle de la répres-
sion de pareils attentats qui, semblables aux
violences exercées par célui qui se croyait le
plus fort, s'en donnait le privilége jusqu'au
moment où la puissance de la majorité vint
le forcer à son tour à ne point faire à son semblable ce qu'il eût trouvé cruel qu'on lui fît
éprouver, s'il eût été le plus faible. Ainsi le

commande la justice dans l'intérêt particulier et général : principe que nous reconnaissons et proclamons comme Souveraineté nationale, afin qu'un chacun soit assuré de son existence, de la tranquillité nécessaire à ses occupations, et de la conservation de son patrimoine.

Lorsque vous proclamez dans tous les carrefours, vous disant les tribuns du peuple, les avantages attachés au régime de la république, notre devoir à nous travailleurs, intéressés à la stabilité de l'ordre public, est d'examiner si les principes que vous préconisez peuvent nous convenir, à nous Souveraineté nationale, et de rechercher si les sentimens qui vous font agir ne commandent pas la surveillance et les observations suivantes.

Il est des mots qui éprouvent des variantes plus ou moins exactes, et dont l'expression semble contenir, dans certaines occasions, jusqu'à l'apparence d'une provocation hostile : telle est l'histoire du mot peuple.

Dans sa véritable et seule acception, ce mot comprend la généralité des individus qui composent une nation, sans établir entr'eux aucune distinction ; mais, lorsqu'une nation se trouvait scindée en plusieurs ordres, le mot s'appliquait plus particulièrement au tiers-état. Aujourd'hui, en France, où la noblesse ne possède plus ni châteaux forts ni privi-léges ; que le clergé n'accorde plus de dons gratuits, et que toutes ces anciennes distinc-tions se trouvent perdues dans la masse de la population, le mot peuple doit reprendre sa signification primitive. Ce serait une idée erro-née, la suite d'une habitude irréfléchie, ou la manifestation d'une mauvaise intention, que de vouloir s'en servir pour désigner les classes inférieures et malheureuses de la société. Ce serait leur accorder un titre honorable, au dé-triment des classes supérieures. Séparer en deux parties la même nation ; donner à l'une des notions inexactes sur sa véritable position, et la porter à croire que cette maxime, *la voix du peuple est celle de Dieu*, ne s'applique qu'à elle, et qu'elle aura toujours raison dans ce qu'elle pourrait *vouloir* ou faire, est chercher à la tromper. L'humanité et la charité or-donnent de respecter et de secourir le mal-heur ; mais il serait absurde de vouloir pousser ces sentimens jusqu'à reconnaître à ces classes privées d'instruction, les connaissances mo-rales, politiques et législatives, que peuvent avoir les hommes appelés à cultiver les sciences et les arts, dont quelques-uns, par leurs ouvrages, fondent ou augmentent la gloire de leur nation.

Il ne peut entrer dans vos intentions d'appeler aux premières places du gouvernement républicain, que vous regardez comme supérieur à tous les autres, les moins éclairés ou les plus misérables de notre population, sous prétexte qu'eux seuls composent le peuple. Les espérances que vous donneriez à ces classes malheureuses seraient d'autant plus coupables, que vous savez qu'elles seraient incapables d'occuper ces premières places; et que, se rendant justice sous ce rapport, ces places vous seraient offertes. Cette perspective fait malheureusement penser qu'elle est le premier mobile de vos démarches en faveur de la république.

Vous annoncez ensuite à tous les citoyens égalité de bien-être : c'est une promesse impossible à tenir, comme il est facile de le prouver. Donnerez-vous à chacun une portion égale en rentes sur l'État ? l'argent ne fait pas vivre ; il faut des subsistances et du travail pour les obtenir. Pour constituer des rentes, il faut des capitalistes : vous n'en trouveriez pas. Il vous faudrait alors avoir recours au partage des biens : cette loi serait un leurre qui ne peut tromper que des hommes incapables de réflexions, puisque l'équilibre de la loi agraire ne peut se maintenir par le fait du mouvement perpétuel de la population; sans parler des goûts, des dispositions et des capacités différentes des individus qui seraient généralement appelés sans distinction à l'état forcé d'agriculteurs. Des instrumens aratoires sont nécessaires pour labourer la terre, des bâtimens pour se loger, et des vêtemens pour se couvrir. Se procurer tous ces objets de première nécessité serait chose impossible. N'ayant plus de forgerons pour travailler le fer, de maçons, de charpentiers ni de menuisiers chargés de la construction des maisons, ni de fabriques d'étoffes nécessaires à la confection des vêtemens, vous arriverez forcément à l'état de nature. Ou bien, comme dans les républiques anciennes, il vous faudra des ilotes ou des esclaves, afin que, sans travailler, vous puissiez discourir à loisir sur les places publiques. La solution de cette organisation tant vantée serait l'état sauvage, ou bien l'esclavage. Telles ne furent point les intentions de la Providence : en vous destinant, parmi les animaux, des aides chargés des parties pénibles de vos travaux ; en dotant les hommes de dispositions si différentes, elle eut certainement l'intention que leurs forces et leur intelligence fussent toujours dirigées par la justice et la raison. De tous ces faits incontestables, on est autorisé à dire que la divinité a créé l'homme pour vivre en société ; et, par la civilisation, le rendre le bienfaiteur de son espèce. Le nivellement du bien-être, de la santé, des dispositions morales ou physiques n'ayant point été fondé par la nature, doit être pour nous la première preuve que pareil bienfait ne peut exister dans l'état social ; que ce serait même un malheur, puisqu'il anéantirait l'industrie, sans laquelle il n'y aurait plus de progrès, de découvertes et d'améliorations.

Cessez donc de nous proposer le gouvernement républicain, dont nous avons, en nous constituant, reconnu et signalé les défauts. Vos tentatives en faveur de ce régime ne peuvent vous faire faire des séides que parmi la jeunesse sans expérience, parmi les hommes incapables de jugement, et parmi les vagabonds sans ressource. Vos promesses fallacieuses portent l'inquiétude parmi les travailleurs, arrêtent les travaux, font cacher les capitaux, et vous rendent coupables envers la Souveraineté nationale, en faisant suspendre, par les troubles et la crainte, les rapports entre les projets de toute espèce et leur exécution.

Nous avons écouté avec calme, n'étant sous l'influence d'aucune passion politique, les plaintes soumises à notre tribunal suprême. Nos jugemens ont été inspirés par la raison, la justice et l'amour du bien public. Nous terminerons cette séance extraordinaire par quelques idées en harmonie avec la marche du siècle, l'esprit de la Charte et les progrès de la civilisation : puissent ces idées être l'objet des méditations des législateurs présens et futurs !

Nous démontrerons d'abord que si les rois et les peuples ne peuvent pas toujours s'entendre et vivre d'accord, cela tient à ce que notre Souveraineté, qui donne de la force au Gouvernement et fait soumettre volontairement les gouvernés, est méconnue. Les monarques redoutent notre puissance, parce qu'ils s'imaginent qu'il y va de leur sûreté et de leurs prérogatives à étouffer notre voix. Les moyens qu'ils prennent sont de s'entourer de gardes, de généraux, de tribunaux, d'espions et d'é-chafauds. Malheureusement ce système con-duit à l'arbitraire, ou bien y fait croire. Le Chef du Gouvernement est aux yeux du peuple un tyran, et ses subordonnés autant de despotes. Il en résulte défiance de part et d'autre. L'in-térêt général n'a plus d'influence ; chacun se renferme dans son intérieur, songe à sa sûreté, à son intérêt particulier. Une mesure quelque-fois nécessaire est toujours appelée vexatoire : vient-elle à soulever une partie de la popula-tion, elle appelle aussitôt à son aide le peuple disposé, dans l'état de compression où il se trouve, à voler au secours des opprimés, poussé en même temps par le désir de recouvrer la jouissance de ses droits. Si les malheureux succombent, le despotisme s'empresse de for-ger de nouveaux fers, qu'il suppose plus forts, et que d'autres mécontens essaient de briser. S'ils y parviennent, arrivent les révolutions dont les rois et leur cortége deviennent les victimes. C'est ainsi que des explosions désas-treuses sont les suites de la privation de notre puissance, dont la manifestation journalière aurait fini par soumettre à l'intérêt général l'intérêt particulier. Quel serait, en effet, celui d'un individu ou de plusieurs, dans un pays où toute la population est appelée à s'occuper du bien-être général, avec la conviction que l'ordre et la tranquillité sont les premiers besoins de la société ; et où chaque citoyen peut se dire : *En obéissant aux lois, j'obéis à ma volonté, à mon intérêt, ou bien à la nécessité.*

Il ne peut exister de peuple sans gouvernement : nous avons préféré le régime constitutionnel, où notre puissance reconnue ajoute de la force à la Couronne et aux discussions des Chambres, à celui des États-Unis de l'Amérique, dont l'existence problématique s'est prolongée en raison de l'action continuelle de la Souveraineté nationale, et de la conviction acquise, par l'expérience, à chaque citoyen, que son intérêt particulier tient à la soumission qu'il a jurée aux décisions de la majorité ; mais où la Souveraineté nationale, divisée en vingt-quatre états, doit finir un jour par se manifester en différens sens, dont le résultat probable sera la séparation de quelques républiques de l'union fédérale : comme il en a été en France du temps des duchés de Bourgogne, de Bretagne, et autres. L'esprit de chaque province empêchait alors cette fusion nationale, que doivent amener les mêmes lois et la même administration, comme elle existe aujourd'hui dans toutes les préfectures. Cette similitude accoutumera, de plus en plus, les habitans de toutes les parties de la France à se regarder comme les enfans de la même famille, disposés, les uns envers les autres, à tous les sacrifices, et à se porter mutuellement secours lorsque l'intérêt public l'exigera.

La force des choses, qui nous oblige à confier notre puissance exécutive à un Chef, quel que soit son titre, ne peut nous empêcher de penser que le pouvoir dont il est revêtu peut l'entraîner, par fois, à s'écarter des lois constitutionnelles, en cherchant à les renverser. Ce sont, il est vrai, des chances fâcheuses, mais inévitables, encore plus à craindre dans les États où le Chef ne jouit pas de toutes les prérogatives attachées au rang qu'il occupe. Blessé de ce qui lui fut refusé, il cherche alors à obtenir ces prérogatives par la ruse ou la force; sur-tout si de grandes victoires lui ont acquis l'affection de l'armée:

prédilection qu'il s'efforcera de conserver, en multipliant les grades, les faveurs, et des guerres continuelles, comme il en a été de tout temps. Ce qui fait dire à des esprits très-éclairés, que l'état de guerre, étant un besoin de l'espèce humaine, sa perfectibilité par la civilisation et les lois est une chimère, puisque la guerre porte à la destruction, conduit aux désordres et à l'arbitraire, accoutume le soldat à méconnaître sa patrie, à fouler aux pieds le pacte social et les droits des citoyens, si telles sont les volontés du maître auquel il a soumis sa pensée et ses actions. Quelque gouvernement que ce soit ne peut garantir de ces violences; comme le prouvent les pages de l'histoire de tous les peuples. S'il est un moyen de s'en préserver, il ne peut exister que dans la formation d'une garde civique, dont tous les citoyens devraient nécessairement faire partie. Pour la France, cette garde se trouverait offrir un effectif de plus de trois millions d'hommes armés. Alors, en cas d'urgence, une nation se transforme en une armée; et, par sa masse imposante, contient dans leurs devoirs envers la Patrie, les troupes qui seraient tentées de s'en écarter, ou le pouvoir exécutif qui voudrait abuser de sa position, et ne se renfermerait pas dans les limites tracées par le pacte social *, ou les ennemis assez téméraires pour oser franchir les bornes de son territoire.

* A l'appui de ce qui vient d'être dit, il est un fait assez mémorable (dont il existe encore beaucoup de témoins, entr'autres, M. Scipion Mourges, préfet), dont l'auteur de l'Histoire de la Révolution n'a point parlé dans son ouvrage. Aux journées de vendémiaire, lorsque la section Lepelletier était encore occupée du choix des électeurs qui devaient élire les Députés appelés à succéder à la Convention, le bruit se répandit qu'une force armée se dirigeait sur le lieu des séances de la section, pour en fermer les portes. Le bataillon était à peine formé devant la porte et les murs du couvent des Filles-St-Thomas, que la section fut cernée par des troupes commandées par le général Menou, sous la direction du conventionnel Laporte. Après une proclamation, cinq minutes furent données aux gardes nationaux de la section, pour mettre bas les armes. A cet ordre, une exclamation générale se fit entendre : « *Jamais les Français ne mettent bas les armes; jamais nous ne passerons sous les Fourches-Caudines !* » A cette déclaration héroïque succéda le discours d'un jeune orateur alors (M. de Lallot). Il fut écouté en silence; mais,

Mais, pour qu'une institution semblable puisse se fonder dans un pays, il est indispensable que les mœurs, les habitudes et l'éducation y préparent et y accoutument les générations ; que la jeunesse, avant l'âge de

lorsque s'adressant aux soldats, il leur dit que des militaires couverts de gloire ne consentiraient jamais à la ternir du sang de leurs concitoyens, un autre membre de la Convention, nommé *Talot*, monté sur un petit cheval noir, s'élance avec son cheval, en disant à son collègue : En avant ! il faut agir, et ne pas écouter de semblables discours ! A ce mouvement, un officier de la section mit un pistolet sur la poitrine du Député, en saisissant la bride du cheval : *Recules, dit-il, ou tu es mort !* Puis, s'adressant au représentant Laporte : Ordonnez à cet homme de se retirer, ou je le tue ! L'ordre fut donné, exécuté, et l'orateur reprit son discours.

Quelques instans après, les troupes qui cernaient la section par les rues Vivienne, des Filles-St-Thomas et Neuve-St-Augustin, se trouvant à leur tour enveloppées par les autres sections de la capitale, se retirèrent.

Ce trait, comme celui de la même section, lorsqu'elle marcha, quelques mois auparavant, pour s'emparer des compagnons de Romme, et autres con-

vingt ans, soit obligée d'apprendre le manie-
ment des armes, afin que, n'importe à quel
âge, un homme appelé sous les drapeaux par
le fait des circonstances, soit en état de servir
sa patrie.

Une mesure très-politique serait peut-être
de comprendre les troupes de ligne dans la
garde civique, qui se trouverait divisée en
garde sédentaire non soldée, chargée du service habituel des villes et des campagnes; en
garde active soldée, devant se porter où le
service de l'État pourrait l'exiger; en garde
mobile, ne faisant point de service; mais susceptible d'être appelée sous les armes dans des
momens de crise, et de recevoir une solde:
enfin, en garde réformée comprenant tous les
individus qu'un état maladif, ou un défaut de
conformation, empêche de pouvoir servir et
de porter les armes; plus, un contrôle contenant les noms des citoyens exemptés du ser-

ventionnels, qui avaient élevé des barricades dans le
faubourg St-Antoine, est la preuve qu'une garde nationale éclairée est aussi contraire aux excès du pouvoir, qu'aux troubles excités par des conspirateurs
ou la populace.

vice, en raison des fonctions publiques qu'ils occupent.

Comme au bout de deux ans un conscrit doit savoir son métier militaire, si rien ne s'y oppose, et que sa conduite ait été bonne et régulière, il serait envoyé en congé dans la garde sédentaire de son domicile, avec l'obligation d'en faire le service et d'attendre, soit son rappel dans le service actif, si les circonstances le commandaient, ou l'époque de sa libération comme conscrit.

Une institution aussi importante demande à ce que généralement tous les citoyens en fassent partie, et que celui qui chercherait à s'y soustraire fût traité à l'instar d'un *Paria*; et, comme tel, privé de ses droits civils et politiques; qu'il ne pût contracter aucun lien, ni signer aucun acte ou contrat. Mais si la loi doit être sévère vis-à-vis de ceux qui ne remplissent pas leurs devoirs, et montrent peu d'exactitude à se soumettre à un service commandé par l'intérêt général; la même loi devrait contenir aussi quelques articles de récompense en faveur de ceux qui, par leur zèle, leur exactitude, leur conduite honorable et l'accomplissement de toutes les obligations exigées par le service militaire, en ont constamment rempli les conditions. De semblables articles soutiendront le zèle et l'émulation, et feront cesser les considérations établies entre un service soldé de six années, dans lequel des honneurs et des récompenses sont accordés, lorsqu'ils semblent refusés à un service non soldé, qui dure trente-cinq ans.

Mais, en admettant que de semblables idées puissent s'adopter, il s'en suivrait l'obligation de dispositions et de réglemens à l'égard de l'artillerie, de la cavalerie, et des autres corps qui demandent une instruction plus difficile, avec un usage continuel pour la conserver et la perfectionner. Il faudrait qu'une *haute-paie* et une pension assurée au bout d'un certain nombre d'années, présentassent assez d'avantages pour devenir un moyen de conserver, dans ces troupes d'élite, des hommes qui prendraient l'engagement d'y rester le temps voulu par les réglemens.

De telles organisations ne peuvent manquer d'attirer les méditations de nos pouvoirs législatifs, et de faire sentir que la loi sur la garde nationale demande beaucoup de changemens.

Il n'est bruit que de notre Souveraineté :

tout le monde en parle ; tout se fait, dit-on, en notre nom. La vérité est que nous sommes comme jadis les grands seigneurs, qui ne se mêlaient jamais de leurs affaires, et s'en rapportaient toujours à leurs fondés de pouvoirs. Malgré tout notre désir de voir notre puissance établie, afin de doubler, par notre assistance, la force du Gouvernement, nous ne pouvons blâmer les précautions prises à notre égard. La crainte de mésintelligences, de troubles sérieux parmi des hommes qui se font de fausses idées sur l'action sociale qu'ils seraient appelés à exercer dans un appel à la Souveraineté nationale, sont de bonnes raisons à faire valoir dans le moment où les uns placent encore le bonheur public dans le nom du Chef de l'État, et les autres, dans les erreurs de leur imagination. Au milieu de ce conflit d'idées incohérentes, la prudence doit conseiller d'attendre le moment où les lumières de la raison viendront dissiper les nuages des préjugés et des chimères, et faire briller les progrès de la civilisation ; où l'homme, replacé dans son état naturel, la société ne lui reconnaîtra de supériorité que celle acquise par les talens, les vertus, le mérite et les services rendus. Aujourd'hui, sans nous plaindre de notre position éphémère, nous désirons que nos législateurs s'occupent des moyens de faire intervenir notre puissance à l'appui de nos institutions, afin de les compléter, et de leur donner plus de force et de stabilité.

Le vote universel est une de ces questions qui présentent le plus de difficultés à résoudre. Pour l'exercer, il exige des déplacemens : pour y forcer, une amende sera-t-elle infligée comme aux jurés qui ne se présentent point ? ou des voitures publiques, comme en Angleterre, seront-elles mises à la disposition des votans, puisqu'aujourd'hui, malgré le petit nombre des électeurs, beaucoup ne se rendent pas aux colléges électoraux ? Pour réunir les suffrages des votans, des commissaires seront-ils envoyés dans toutes les communes, afin de recueillir les scrutins ? Ensuite, comment éviter toutes les espèces d'influences, lorsque tous les citoyens d'un arrondissement seront généralement appelés à donner leur voix en faveur d'un candidat qu'ils connaissent peu ou point, auquel ils ne prennent souvent que l'intérêt qui leur fut inspiré.

Aussi, quoique juste en apparence, le vote universel paraît-il, aux yeux d'une foule de publicistes, une loi entièrement dénuée de possibilités raisonnables.

Si la fortune et l'éducation font supposer plus d'indépendance et d'aptitude à être électeur, et qu'un cens quelconque soit exigé pour en remplir les fonctions; les conséquences de ce principe seraient de soumettre également les électeurs à être choisis par les assemblées cantonnales, comme sous l'Empire. La fortune devenait alors un moyen, et non un droit d'être électeur; car, quelle que soit la fixation du cens, il s'en suivra toujours, n'importe la somme, qu'elle soit de 200, de 100, ou de 50 fr., que la même nation sera divisée en deux portions n'ayant aucune liaison, puisque l'une, en vertu de ses impôts, aura des droits dont l'autre ne jouira pas. Le moyen rationnel d'unir ces deux portions, et d'approcher du vote universel, se trouve dans l'élection à deux degrés, en donnant à ceux qui ne paient point le cens voulu pour être électeurs, le droit de choisir, parmi ceux qui le paient, les électeurs auxquels ils veulent confier le soin d'élire les Députés.

Lors de la fondation, en 1830, des trois pouvoirs constitutionnels appelés à la confection des lois (la Royauté héréditaire , la Chambre des Pairs * et la Chambre des Députés) ; la raison comme la foi sociale demandaient que ces pouvoirs, s'ils ne tiraient pas directement leur institution de la Souveraineté nationale, en eussent du moins toutes les apparences.

La Royauté héréditaire , comme pouvoir exécutif et législatif, est présumée le fait de la volonté et des intentions démontrées de la Souveraineté nationale , par les nombreuses adresses et députations des municipalités.

Les colléges électoraux, qui sont les mandataires les plus immédiats de la Souveraineté nationale, sont censés avoir donné la sanction de cette puissance à la Chambre des Députés, par la nomination directe de ses membres.

Quant à la Chambre des Pairs , il existe, dans son installation, une différence qui nuit à la considération dont elle devrait jouir. Elle fut constituée en vertu d'une présentation ministérielle faite à la Chambre des Députés, dont

* En même temps Cour des Pairs.

le vote a été la pairie à vie : question constitutionnelle, que la Souveraineté nationale devait
décider, ou du moins les colléges électoraux.
Cette formalité essentielle, qui ne fut pas ob-
servée lors de la formation de la Chambre des
Pairs, l'empêche d'avoir ce caractère national
qui distingue les deux autres pouvoirs. Ce fut
le résultat des idées que laissent de vieux préjugés et des vues étroites, au moment où des
principes nouveaux étaient proclamés.

Aujourd'hui, le seul moyen de donner à ce
pouvoir le caractère qui lui manque, serait
d'accorder aux colléges électoraux le droit de
présenter tel nombre déterminé de candidats,
pris dans la notabilité du département ou de
la France, en laissant à la Couronne le droit
de la nomination à la pairie. Dans ce cercle
très-étendu de citoyens recommandables, un
Pair nommé par le Roi, n'aurait plus ce vernis
ministériel, qui lui fait tant de tort dans l'opinion publique. Ce mode de candidats à la
pairie présenterait, en outre, d'autres avantages politiques.

Si la Souveraineté nationale se trouvait convoquée, lorsqu'une constitution nouvelle vien-
drait à lui être soumise, cette réunion générale

de tous les citoyens ne pourrait vouloir qu'une partie de la population fût privée d'un bénéfice , dont une autre portion jouirait. Une égale répartition entre les avantages et les charges étant les bases sur lesquelles doit reposer l'ordre social , il s'en suivrait que, si le nombre des Députés se trouvait déterminé en raison de la population, la même règle devrait être suivie à l'égard de la Chambre des Pairs, afin que la population de chaque département se trouvât également représentée à l'une et l'autre Chambres, sans que le nombre des Pairs, à la rigueur, fût le même que celui des Députés.

Cette organisation de la Chambre des Pairs aurait de plus l'avantage de stimuler le zèle des fonctionnaires publics, ainsi que de porter tous les citoyens à se distinguer par des actions d'éclat ou d'immenses talens. Dans un pays où les degrés du trône sont fermés à l'ambition, des qualités supérieures, n'importe la carrière, sont dignes d'obtenir une récompense nationale, et les suffrages des électeurs pour y parvenir. C'est alors que chaque citoyen pourrait se dire, qu'il a dans son portefeuille le brevet de Pair, comme chaque soldat a le bâton de Maréchal de France dans sa giberne. De telles perspectives sont bien faites pour stimuler d'honorables ambitions.

Le nombre des Pairs étant déterminé d'après la population de chaque département, la différence qui existe aujourd'hui entre celui qui en compte beaucoup et celui qui n'en possède aucun, n'aurait plus lieu à l'avenir. Mais, en même temps, le nombre des Pairs se trouvant déterminé, il deviendrait nécessaire de donner, comme en Amérique, une plus grande importance à la magistrature, non pour s'opposer à l'exécution d'une loi; mais pour, en cas de partage d'opinion entre les deux Chambres, établir que la Cour de Cassation serait appelée à remplir l'office d'un troisième arbitre, et à résoudre la question en litige. Cette Cour, composée de l'élite de la magistrature, serait, il est probable, rarement convoquée, et rendrait ces nominations ou *fournées de Pairs* inutiles, ainsi que la dissolution de la Chambre des Députés; de pareilles extrémités étant toujours un malheur public, par l'inquiétude et l'agitation qui en sont la suite.

En Amérique, toutes les fonctions sont rétribuées. On conçoit qu'une nation grande et généreuse, ne doit point vouloir de services gratis, qui se font suivant le caprice des hommes, et non comme pourrait l'exiger l'intérêt public; ou, s'il existe des fonctions gratuites, il faut que l'espérance d'une récompense nationale les fasse remplir avec zèle, ponctualité et intelligence. S'il a été, sous les rois et empereurs, accordé aux Maréchaux des traitemens en raison des grades reçus, pourquoi les Pairs, sous un régime constitutionnel, ne recevraient-ils pas la même dotation, comme récompense de talens imminens, ou des services qu'ils ont rendus à leur pays pendant quarante ans?

Les idées qui viennent d'être énoncées sur nos institutions seraient favorablement accueillies du public, Monsieur, si vous vouliez, vous et les orateurs qui partagent votre opinion, vous charger de les développer à la tribune; sur-tout si l'*Opposition* voulait en faire des questions nationales, plus dignes de ses sentimens libéraux, que les querelles de parti ou de personnes, qui lui font perdre de sa considération.

En effet, Monsieur, la main sur la conscience

(non de journaliste), pouvez-vous croire que, placés en dehors des événemens politiques, occupés uniquement de leurs intérêts particuliers, les trois quarts des habitans de la France apportent quelque attention aux nouvelles du jour. Sur trente-deux millions d'habitans, si l'on faisait le relevé des abonnés aux journaux, le nombre serait-il de 500,000? Admettons, si vous voulez, qu'un million lisent les feuilles publiques; il en résultera toujours que l'immense majorité des habitans ne les regarde pas. Parmi ceux qui voient les journaux, la plupart sont indifférens ou mécontens de ces personnalités adressées aux ministres; de ces interpellations continuelles, qui rappellent plutôt l'art de la chicane pratiquée dans les tribunaux, que des vues grandes et généreuses, inspirées par l'amour de la Patrie et le désir de l'ordre. Qu'arriverait-il si, en vertu de la loi du talion, en recherchant la conduite de tous ces hommes si rigoristes envers les ministres, l'on venait à découvrir que le but de leurs démonstrations en faveur du bien public, est peut-être le même que ce noble dévoûment consacré à la défense des opprimés et des mineurs; que, sous ces beaux dehors, se cache la cupidité. L'ouvrier, l'artiste, le savant, le négociant et le propriétaire, occupés de leurs travaux, ne prennent, en général, aucun intérêt aux querelles suscitées aux ministres; le bon sens en fait justice, ainsi que de toutes ces imprécations lancées contre de prétendus *systèmes* qui, armés de leur mille syllogismes sortant de certains cerveaux, comme Minerve de la tête de Jupiter ; avec cette différence, qu'elle était la déesse de *la raison,* création digne du maître des dieux, tandis que le *système*, que l'on peut nommer *la déraison*, est l'œuvre de la Discorde, ou la nouvelle pomme lancée par cette mégère.

Puisque notre entretien, Monsieur, a roulé sur des sujets soumis à l'analyse de la raison, permettez-moi de vous demander s'il fut bien fait, en 1830, de jeter une espèce de blâme, et d'attacher une sorte de honte à ce qu'il fût donné ou reçu des récompenses ou des honneurs, comme le manifestèrent quelques feuilles publiques. Ce dévoûment extrême, ce désintéressement absolu exigé des fonctionnaires publics ou des gardes nationaux, poussés à l'excès, ne deviendraient-ils pas souvent la cause de beaucoup de relâchement dans l'exercice de fonctions peu rétribuées, ou de beaucoup de négligence dans l'obligation d'un service pénible et gratuit. Il est injuste, ce me semble, d'exiger d'autrui des sentimens qui ne se pratiquent pas généralement ; surtout si l'on vient à comparer que quelques articles, dans un journal, ont été la source des honneurs et de la fortune de leurs auteurs ; que la moindre ligne se paie fort cher ; qu'il en est de même de la signature d'un banquier, d'un acte de notaire, du plaidoyer d'un avocat, etc. ; qu'il ne peut en être toujours, comme dans ces momens d'enthousiasme et d'élan patriotique, où la moindre apparence d'une récompense quelconque serait considérée comme un stimulant honteux. Les citoyens qui se dévouèrent en 1789 et 1830, n'avaient point cette idée. Cependant, des pensions, des places, des honneurs, furent accordés et décernés aux vainqueurs de la Bastille, et à ceux des Trois Journées. Ces récompenses étaient le prix du sang français ; cependant elles furent décrétées, reçues et demandées.

Après une lettre aussi longue, pour laquelle je réclame, Monsieur, votre attention, veuillez recevoir les vœux que je forme pour votre santé et pour la conservation d'un esprit calme et droit comme le vôtre, avec les avantages attachés à un jugement éclairé et impartial.

J'ai l'honneur de vous saluer,

Le Cte L. de Girardin,

Envoyé, comme Chef de la seconde Légion, par la Garde nationale de Paris, pour réclamer de Louis XVIII la conservation de la cocarde tricolore.

Nota. Le titre placé avant mon nom, n'y a point été mis par aucun sentiment de vanité ; mais bien comme le signe de l'obligation imposée, à celui qui s'en trouve décoré, de se conduire en toute occasion avec honneur et patriotisme.